Impressum
Verlag: BABADADA GmbH, Nedderfeld 112 , 22529 Hamburg
Geschäftsführer / Verlagsleitung: Harald Hof
Druck: Books on Demand GmbH, In de Tarpen 42, 22848 Norderstedt

Imprint
Publisher: BABADADA GmbH, Nedderfeld 112 , 22529 Hamburg, Germany
Managing Director / Publishing direction: Harald Hof
Print: Books on Demand GmbH, In de Tarpen 42, 22848 Norderstedt

el colegio
School

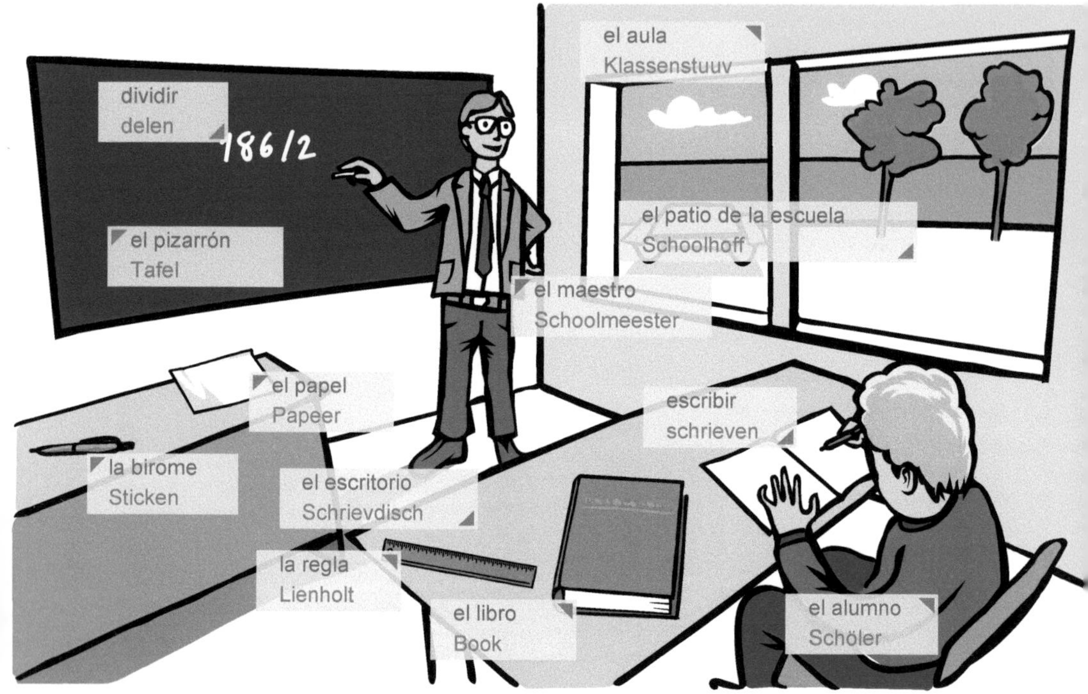
el aula
Klassenstuuv
dividir
delen
186/2
el pizarrón
Tafel
el patio de la escuela
Schoolhoff
el maestro
Schoolmeester
el papel
Papeer
escribir
schrieven
la birome
Sticken
el escritorio
Schrievdisch
la regla
Lienholt
el libro
Book
el alumno
Schöler

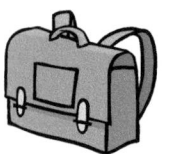

la mochila
Ranzel

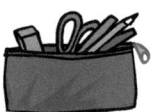

la caja de lápices
Feddermapp

el lápiz
Bleesticken

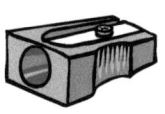

el sacapuntas
Scharpmaker

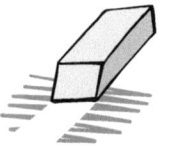

la goma (de borrar)
Radeergummi

el bloc de dibujo
Tekenblock

el dibujo

Teken

el pincel

Pinsel

la caja de pinturas

Malkassen

la tijera

Scheer

el pegamento

Klever

el cuaderno de ejercicios

Heft to'n Öven

la tarea

Huusopgaav

el número

Tall

sumar

tohooptellen

restar

aftrecken

multiplicar

malnehmen

calcular

reken

la letra

Bookstaav

el abecedario

ABC

la palabra

Woort

el texto

Text

leer

lesen

la tiza

Kried

la lección

Stunn

el cuaderno de clase

Klassenbook

el examen

Pröven

el certificado

Tüügnis

el uniforme escolar

Schooluniform

la educación

Utbillen

la enciclopedia

Nakieksel

la universidad

Universität

el microscopio

Mikroskop

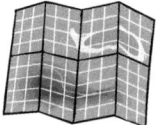

el mapa

Koort

el tacho (de basura)

Papeerkorf

el hotel
Hotel

Grand

el hostel
Harbarg

ROOMS

la casa de cambio
Wesselstuuv

ECHANGE

la valija
Kuffer

el auto
Auto

el idioma

Spraak

sí / no

jo / ne

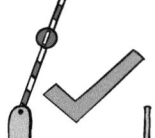

Está bien

Jo

hola

Moin

el traductor

Översetter

Gracias

Dank ok

¿cuánto cuesta...?

Wat kost...?

No entiendo

Ik verstah nich

el problema

Problem

¡Buenas tardes!

Goden Avend

¡Buenos días!

Moin!

¡Buenas noches!

Gode Nacht!

el adiós

Tschüüs

la dirección

Richt

el equipaje

Bagaasch

el bolso

Tasch

la mochila

Rüchsack

el invitado

Gast

la habitación

Stuuv

la bolsa de dormir

Slaapsack

la carpa

Telt

la información turística

Touristeninformatschoon

la playa

Strand

la tarjeta de crédito

Kreditkoort

el desayuno

Fröhstück

el almuerzo

Meddageten

la cena

Avendeten

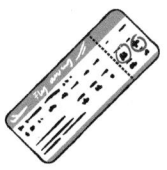

el pasaje

Fohrkort

el ascensor

Fohrstohl

el sello

Breefmark

la frontera

Grenz

la aduana

Toll

la embajada

Bottschop

la visa

Visum

el pasaporte

Pass

el transporte
Transport

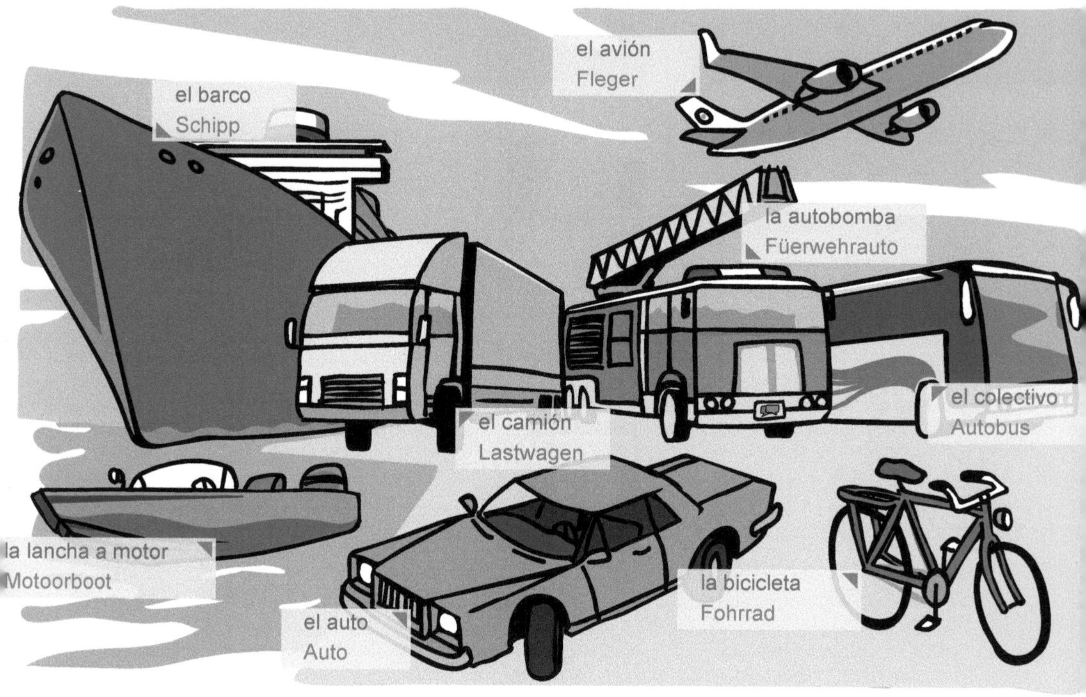
el avión
Fleger
el barco
Schipp
la autobomba
Füerwehrauto
el colectivo
Autobus
el camión
Lastwagen
la lancha a motor
Motoorboot
la bicicleta
Fohrrad
el auto
Auto

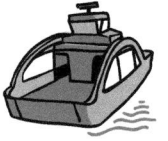

el ferry

Fähr

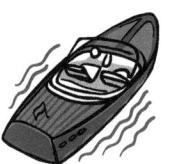

el bote

Boot

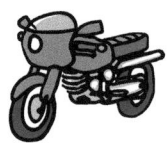

la moto

Motoorrad

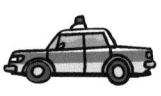

el patrullero

Polizeiauto

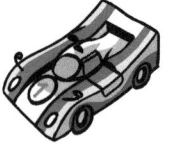

el auto de carreras

Rönnauto

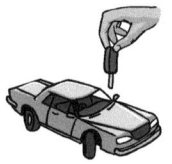

el auto de alquiler

Lehnwagen

el alquiler de autos

Carsharing

la grúa

Afsleepwagen

el camión de la basura

Müllauto

el motor

Motoor

la nafta

Kraftstoff

la estación de servicio

Tanksteed

la señal de tránsito

Verkehrsschild

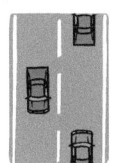

el tránsito

Verkehr

el embotellamiento

Stau

el estacionamiento

Afstellplatz

la estación de tren

Bahnhoff

las vías

Sporen

el tren

Tog

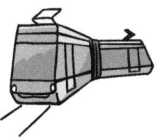

el tranvía

Stratenbahn

el vagón

Wagon

el helicóptero

Dwarsmöhl

el aeropuerto

Flooghaven

la torre

Tower

el pasajero

Fohrgast

el contenedor

Grootkist

la caja de cartón

Karton

la carretilla

Koor

la canasta

Korf

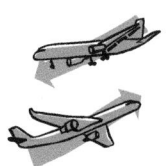

despegar / aterrizar

starten / lannen

la ciudad

Stadt

el pueblo

Dörp

el centro de la ciudad

Binnenstadt

la casa

Huus

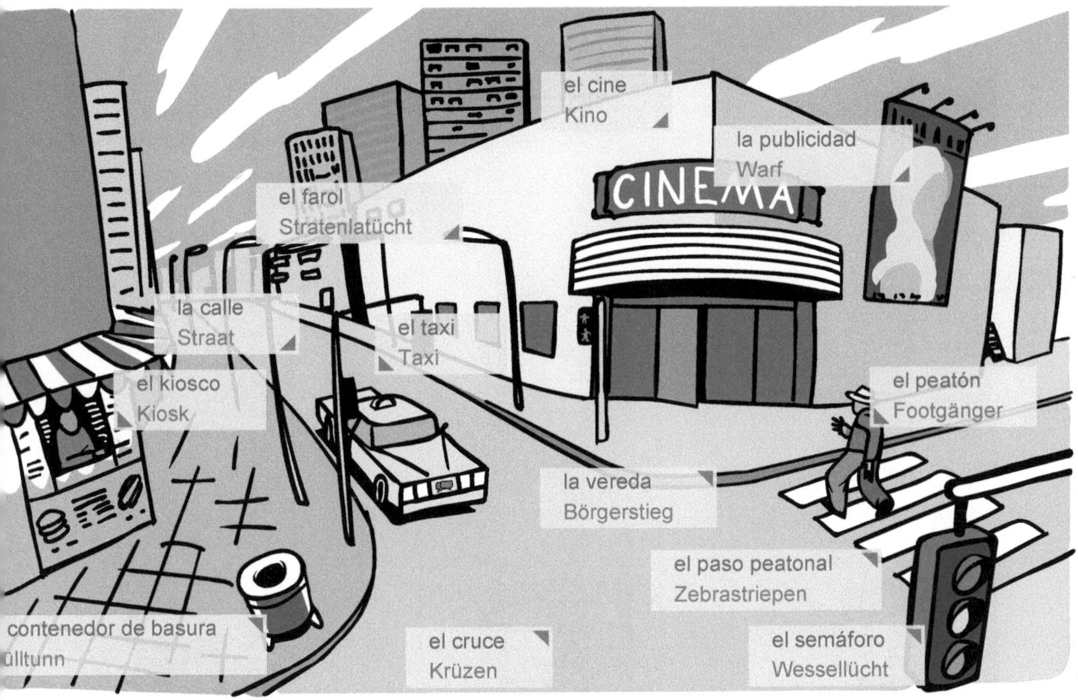

el cine
Kino

la publicidad
Warf

CINEMA

el farol
Stratenlatücht

la calle
Straat

el taxi
Taxi

el peatón
Footgänger

el kiosco
Kiosk

la vereda
Börgerstieg

el paso peatonal
Zebrastriepen

contenedor de basura
ülltunn

el cruce
Krüzen

el semáforo
Wessellücht

la cabaña

Hütt

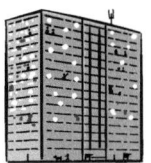

el departamento

Wahnung

la estación de tren

Bahnhoff

la municipalidad

Raathuus

el museo

Museum

el colegio

School

la ciudad - Stadt

la universidad

Universität

el banco

Bank

el hospital

Krankenhuus

el hotel

Hotel

la farmacia

Afteek

la oficina

Büro

la librería

Bookhökerie

el negocio

Hökerie

la florería

Blomenhökerie

el supermercado

Supermarkt

el mercado

Markt

las grandes tiendas

Koophuus

la pescadería

Fischhökerie

el centro comercial

Inkoopszentrum

el puerto

Haven

el parque

Parkanlaag

el banco

Bank

el puente

Brüch

las escaleras

Trepp

el subte

Ünnergrundbahn

el túnel

Tunnel

la parada del colectivo

Busstoppsteed

el bar

Bar

el restaurante

Spieslokal

el buzón

Breefkassen

el letrero

Stratenschild

el parquímetro

Parkklock

el zoológico

Deertenpark

la pileta

Baadanstalt

la mezquita

Moschee

la granja

Buernhoff

la contaminación

Ümweltversmudden

el cementerio

Karkhoff

la iglesia

Kark

los juegos infantiles

Speelplatz

el templo

Tempel

el paisaje
Landschop

la hoja
Blatt

el poste indicador
Wiespahl

el camino
Weg

la pradera
Wisch

la piedra
Steen

el excursionista
Wannerer

el árbol
Boom

el río
Fluss

la hierba
Gras

la flor
Bloom

el valle

Daal

la montaña

Barg

el lago

See

el bosque

Holt

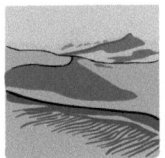

el desierto

Wööst

el volcán

Füerspien Barg

el castillo

Slott

el arco iris

Regenbagen

el champiñón

Poggenstohl

la palmera

Palm

el mosquito

Steekmück

la mosca

Fleeg

la hormiga

Miegeemk

la abeja

Imm

la araña

Spinn

el escarabajo

Sebber

la rana

Pogg

la ardilla

Katteker

el erizo

Swienegel

la liebre

Haas

la lechuza

Uul

el pájaro

Vagel

el cisne

Swaan

el jabalí

Wildswien

el ciervo

Hirsch

el alce

Elk

la presa

Staudamm

el aerogenerador

Windrad

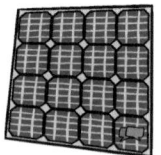

el panel solar

Solarmodul

el clima

Klima

el restaurante
Spieslokal

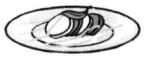

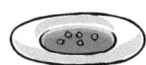

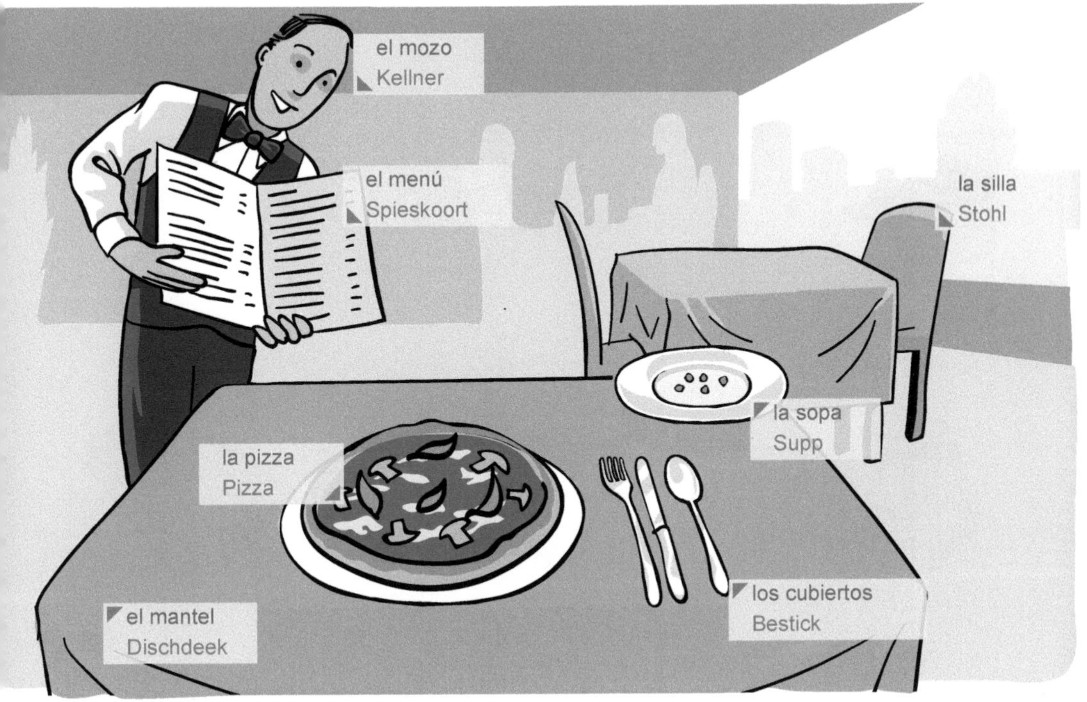
el mozo
Kellner
el menú
Spieskoort
la silla
Stohl
la sopa
Supp
la pizza
Pizza
los cubiertos
Bestick
el mantel
Dischdeek

la entrada
Vörspies

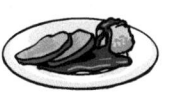

el plato principal
Haupteten

el postre
Nadisch

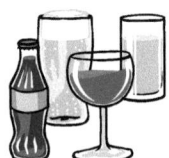

las bebidas
Drünk

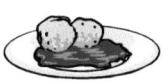

la comida
Eten

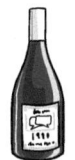

la botella
Buddel

la comida rápida

Fastfood

la comida callejera

Strateneten

la tetera

Teekann

la azucarera

Zuckerdoos

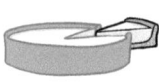

la porción

Portschoon

la cafetera expreso

Espressomaschien

la sillita alta

Hoochstohl

la cuenta

Reken

la bandeja

Tablett

el cuchillo

Mess

el tenedor

Gavel

la cuchara

Lepel

la cucharita

Teelepel

la servilleta

Munddook

el vaso

Glas

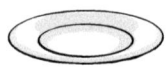

el plato

Töller

el plato hondo

Suppentöller

el plato

Ünnertass

la salsa

Sooß

el salero

Soltstreuer

el molinillo de pimienta

Pepermöhl

el vinagre

Etig

el aceite

Ööl

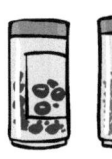

las especias

Krüder

el kétchup

Ketchup

la mostaza

Mostrich

la mayonesa

Mayonnaise

el supermercado
Supermarkt

la oferta especial
Anbott
FOR
el cliente
Kunn
los lácteos
Melkprodukten
la fruta
Aaft
el changuito
Inkoopswagen

BUTCHERS

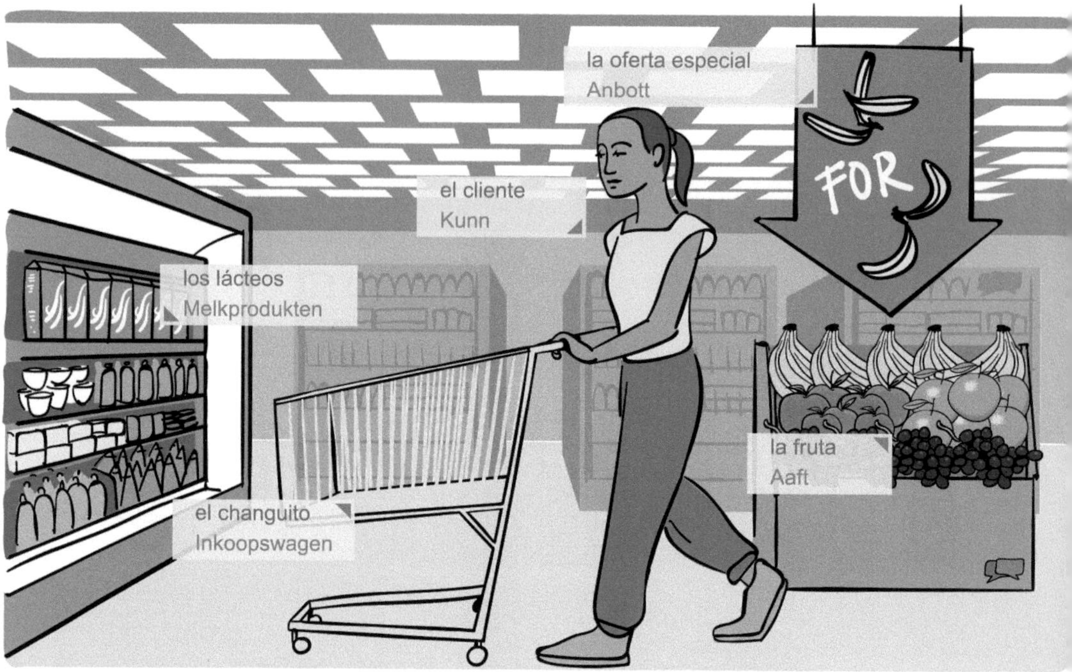

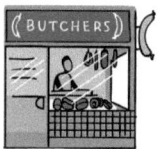

la carnicería

Slachterie

BAKERY

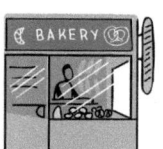

la panadería

Bäckerie

pesar

wegen

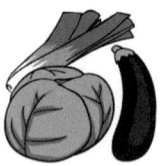

las verduras

Gröönsaken

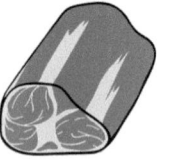

la carne

Fleesch

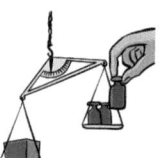

los alimentos congelados

Deepköhlkost

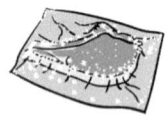

los fiambres
Opsnitt

los alimentos enlatados
Konserven

el detergente en polvo
Waschmiddel

las golosinas
Snoopkraam

los electrodomésticos
Huushooltssaken

los productos de limpieza
Reinmaaktüüch

la vendedora
Verköpersche

la caja
Kass

el cajero
Kasserer

la lista de compras
Inkoopslist

el horario de atención
Opsparrtieden

la billetera
Breeftasch

la tarjeta de crédito
Kreditkoort

la cartera
Tasch

la bolsa de plástico
Plastiktüüt

el agua

Water

el jugo

Saft

la leche

Melk

la bebida cola

Cola

el vino

Wien

la cerveza

Beer

el alcohol

Spriet

el cacao

Kakao

el té

Tee

el café

Koffie

el café expreso

Espresso

el cappuccino

Cappucino

la banana
Banaan

la manzana
Appel

la naranja
Appelsien

el melón
Meloon

el limón
Zitroon

la zanahoria
Wöttel

el ajo
Knuuvlook

el bambú
Bambus

la cebolla
Zibbel

el champiñón
Poggenstohl

las nueces
Nööt

los fideos
Nudeln

los tallarines

Spaghetti

el arroz

Ries

la ensalada

Salat

las papas fritas

Pommes frites

las papas fritas

Braadkantüffeln

la pizza

Pizza

la hamburguesa

Hamborger

el sándwich

Sandwich

el churrasco

Snitzel

el jamón

Schinken

el salame

Salami

la salchicha

Wust

el pollo

Hohn

el asado

Braden

el pescado

Fisch

los copos de avena

Haverflocken

el muesli

Müsli

los copos de maíz

Cornflakes

la harina

Mehl

la medialuna

Croissant

el pancito

Rundstück

el pan

Broot

la tostada

Toast

las galletitas

Keksen

la manteca

Botter

la cuajada

Quark

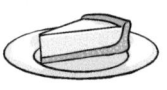

la torta

Koken

el huevo

Ei

el huevo frito

Spegelei

el queso

Kees

la comida - Eten

el helado

les

el azúcar

Zucker

la miel

Honnig

la mermelada

Marmelaad

la pasta de chocolate

Nougat-Creme

el curry

Curry

la granja
Buernhoff

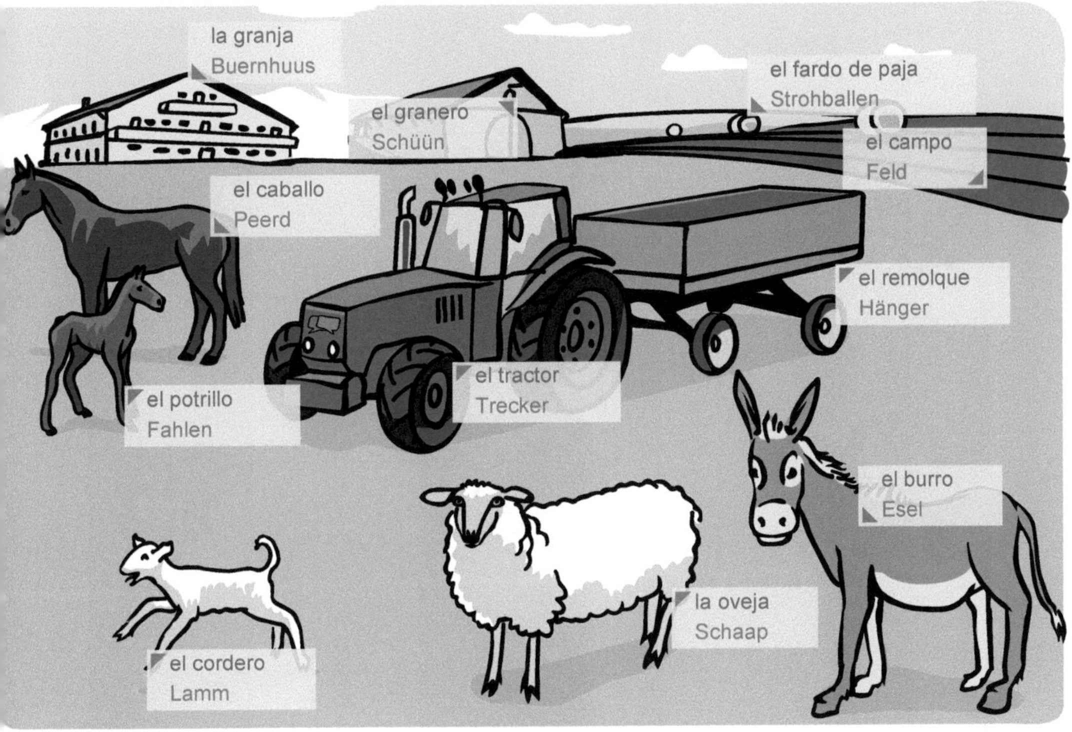

la granja
Buernhuus
el granero
Schüün
el fardo de paja
Strohballen
el campo
Feld
el caballo
Peerd
el remolque
Hänger
el tractor
Trecker
el potrillo
Fahlen
el burro
Esel
la oveja
Schaap
el cordero
Lamm

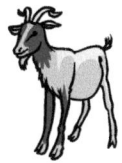

la cabra

Zeeg

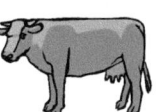

la vaca

Koh

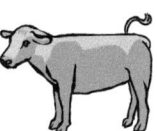

el ternero

Kalf

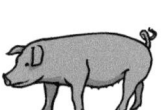

el cerdo

Swien

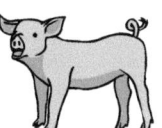

el lechón

Farken

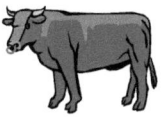

el toro

Bull

el ganso
Goos

el pato
Aant

el pollo
Küken

la gallina
Hohn

el gallo
Hahn

la rata
Rott

el gato
Katt

el ratón
Muus

el buey
Oss

el perro
Hund

la cucha
Hunnenhütt

la manguera
Goornslauch

la regadera
Geetkann

la guadaña
Lee

el arado
Ploog

la hoz
Sich

la azada
Hack

la horquilla
Mestfork

el hacha
Ext

la carretilla
Schuufkoor

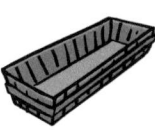

el abrevadero
Trog

la lechera
Melkkann

la bolsa
Sack

la reja
Tuun

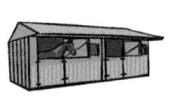

el establo
Stall

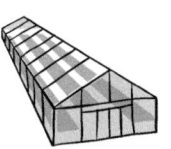

el invernadero
Drievhuus

el suelo
Bodden

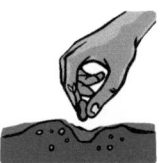

la semilla
Saat

el fertilizador
Dünger

la cosechadora
Meihdöscher

cosechar
oornen

la cosecha
Oorn

las batatas
Yamswöttel

el trigo
Weten

la soja
Soja

la papa
Kantüffel

el maíz
Törksche Weten

la semilla de colza
Rapp

el árbol frutal
Aaftboom

la mandioca
Troopsch Kantüffel

los cereales
Koorn

la casa
Huus

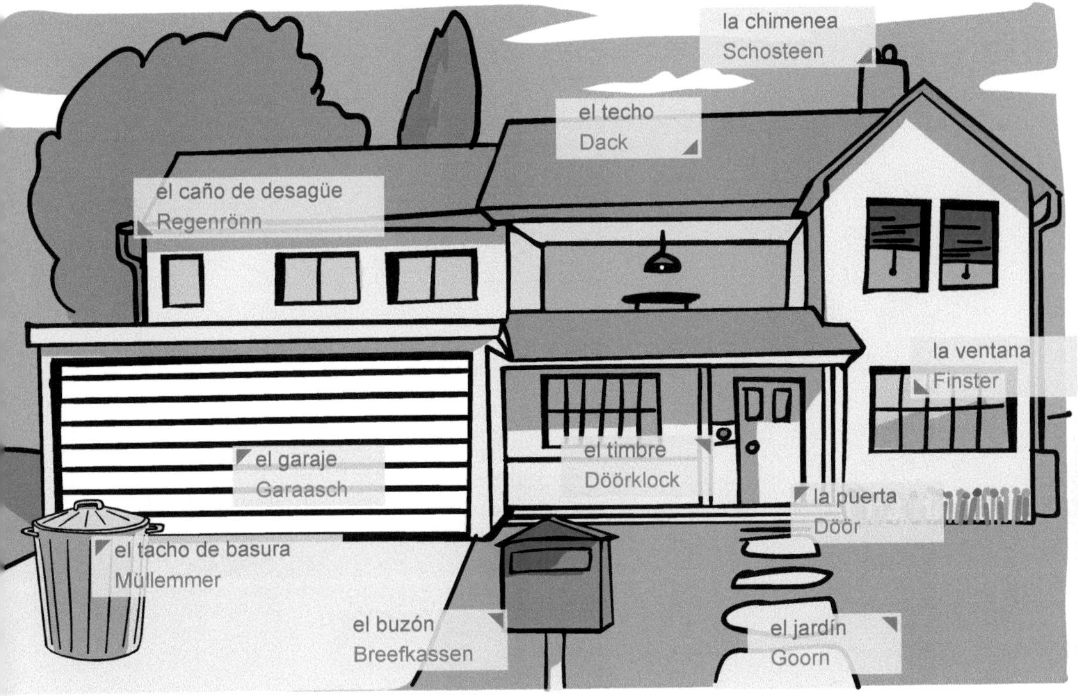

la chimenea
Schosteen
el techo
Dack
el caño de desagüe
Regenrönn
la ventana
Finster
el garaje
Garaasch
el timbre
Döörklock
la puerta
Döör
el tacho de basura
Müllemmer
el buzón
Breefkassen
el jardín
Goorn

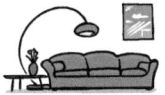

el living
Wahnstuuv

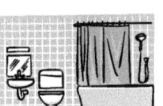

el baño
Baadstuuv

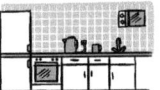

la cocina
Köök

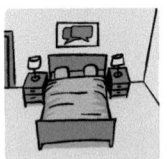

el dormitorio
Slaapstuuv

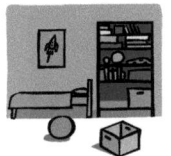

el cuarto de los chicos
Kinnerstuuv

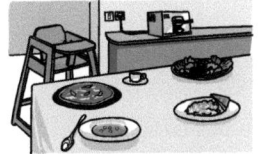

el comedor
Eetstuuv

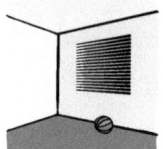

el piso

Footbodden

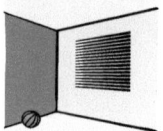

la pared

Wand

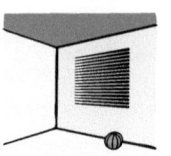

el cielorraso

Deek

el sótano

Keller

el sauna

Hittluftbad

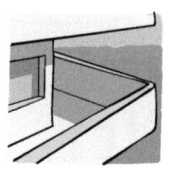

el balcón

Balkon

la terraza

Terrass

la pileta

Swümmbad

la cortadora de pasto

Rasenmeiher

la sábana

Bettbetog

el acolchado

Bettdeek

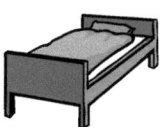

la cama

Puuch

la escoba

Bessen

el balde

Emmer

el interruptor

Schalter

el living

Wahnstuuv

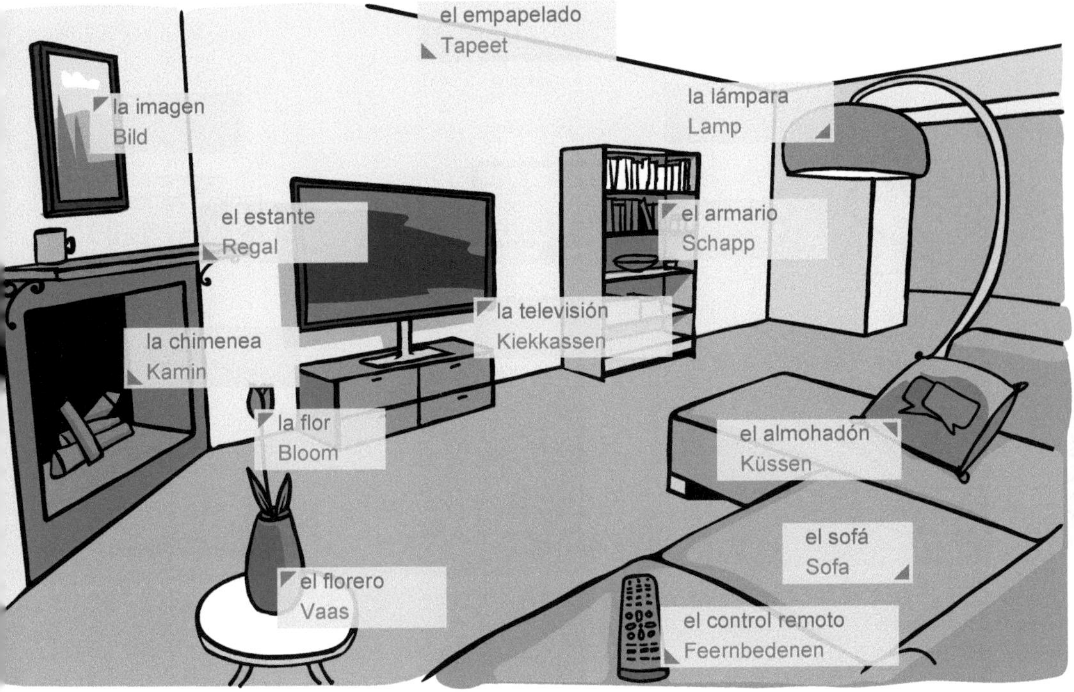
el empapelado
Tapeet
la imagen
Bild
la lámpara
Lamp
el estante
Regal
el armario
Schapp
la televisión
Kiekkassen
la chimenea
Kamin
la flor
Bloom
el almohadón
Küssen
el sofá
Sofa
el florero
Vaas
el control remoto
Feernbedenen

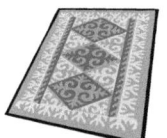

la alfombra

Teppich

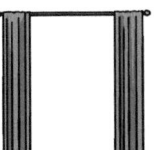

la cortina

Vörhang

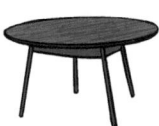

la mesa

Disch

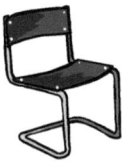

la silla

Stohl

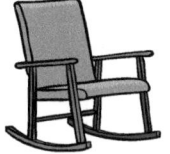

la mecedora

Schuckelstohl

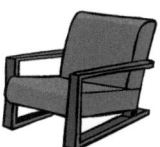

el sillón

Sessel

el libro

Book

la frazada

Deek

la decoración

Dekoratschoon

la leña

Füerholt

la película

Film

el equipo de música

Stereoanlaag

la llave

Slötel

el diario

Narichtenblatt

la pintura

Gemälde

el póster

Poster

la radio

Radio

el cuaderno

Opschrievblock

la aspiradora

Huulbessen

el cactus

Kaktus

la vela

Kars

la cocina
Köök

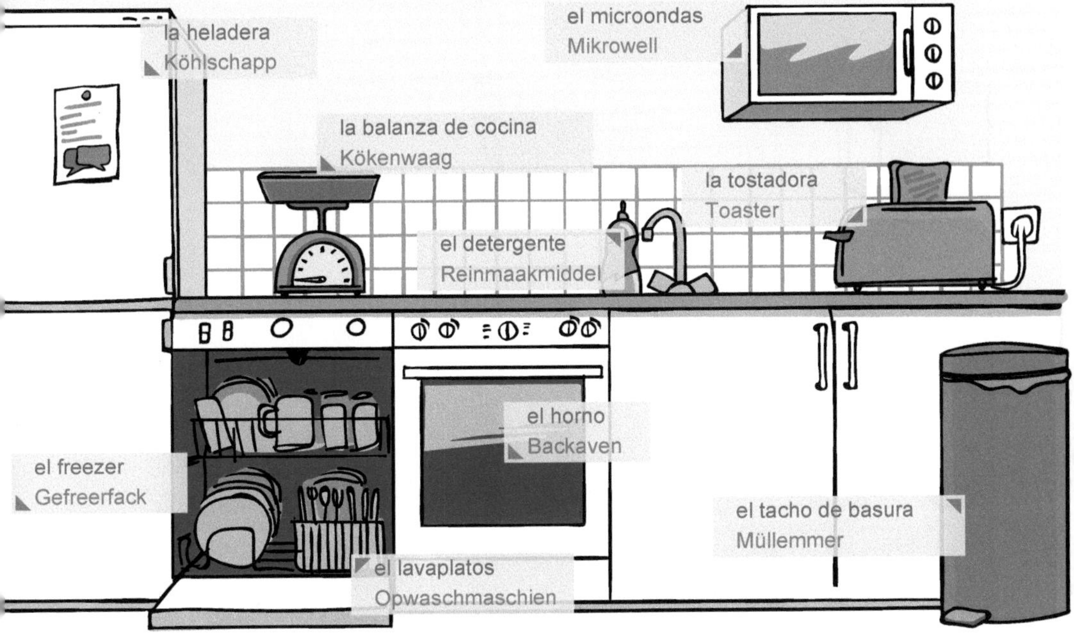

la heladera
Köhlschapp
el microondas
Mikrowell
la balanza de cocina
Kökenwaag
la tostadora
Toaster
el detergente
Reinmaakmiddel
el horno
Backaven
el freezer
Gefreerfack
el tacho de basura
Müllemmer
el lavaplatos
Opwaschmaschien

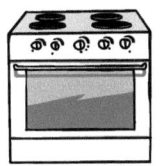

la cocina
Heerd

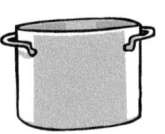

la olla
Pott

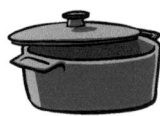

la olla de hierro fundido
Gussiesern Putt

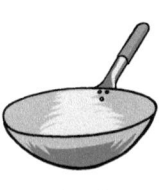

el wok
Wok / Kadai

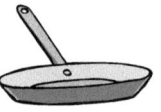

la sartén
Pann

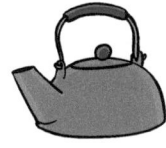

la pava
Waterkaker

la vaporera

Dampkaakputt

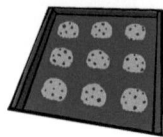

la bandeja de horno

Backblick

la vajilla

Geschirr

la taza

Beker

el bol

Schaal

los palitos

Eetsticken

el cucharón

Suppenkell

la espátula

Pannenwenner

la batidora

Sneebessen

el colador

Kaakseef

el colador

Seef

el rallador

Riev

el mortero

Mörser

la parrilla

Grill

la fogata

Füerstell

la tabla de picar

Sniedbrett

el palo de amasar

Nudelholt

el sacacorchos

Proppentrecker

la lata

Doos

el abrelatas

Dosenaapner

la manopla

Pottlappen

la pileta

Waschbecken

el cepillo

Böst

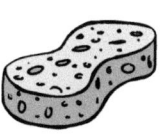

la esponja

Swamm

la batidora

Mixer

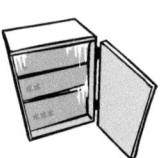

el congelador

Iesschapp

la mamadera

Nuckelbuddel

la canilla

Waterhahn

el baño
Baadstuuv

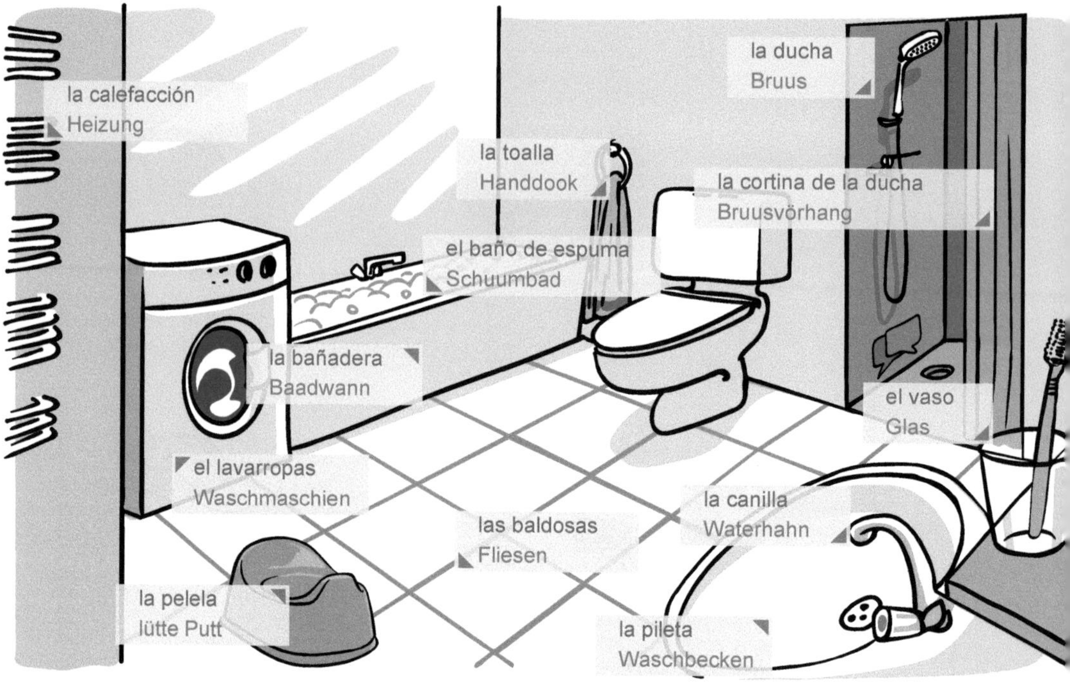
la ducha
Bruus
la calefacción
Heizung
la toalla
Handdook
la cortina de la ducha
Bruusvörhang
el baño de espuma
Schuumbad
la bañadera
Baadwann
el vaso
Glas
el lavarropas
Waschmaschien
la canilla
Waterhahn
las baldosas
Fliesen
la pelela
lütte Putt
la pileta
Waschbecken

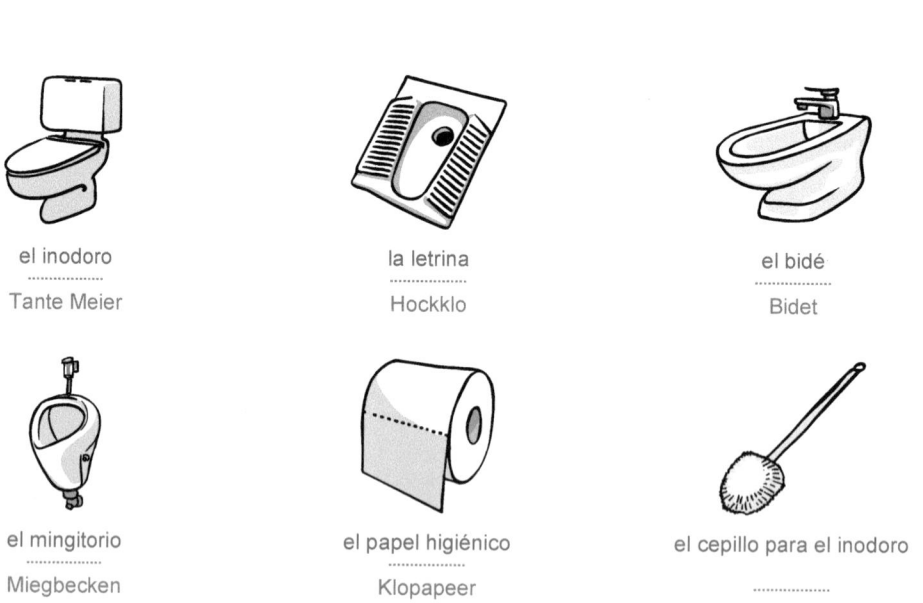

el inodoro

Tante Meier

la letrina

Hockklo

el bidé

Bidet

el mingitorio

Miegbecken

el papel higiénico

Klopapeer

el cepillo para el inodoro

Kloböst

el cepillo de dientes

Tähnböst

el dentífrico

Tähnpast

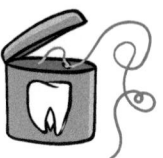

el hilo dental

Tähnsied

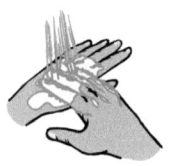

lavar

waschen

la ducha de mano

Handbruus

la ducha higiénica

Intimbruus

la palangana

Waschschöttel

el cepillo para la espalda

Rüchböst

el jabón

Seep

el gel de ducha

Bruusgeel

el shampoo

Hoorwaschmiddel

la toallita

Waschlappen

el desagüe

Afloop

la crema

Creme

el desodorante

Deodorant

el espejo

Spegel

el espejito

Kosmetikspegel

la maquinita de afeitar

Raserer

la espuma de afeitar

Raseerschuum

el aftershave

Raseerwater

el peine

Kamm

el cepillo

Böst

el secador de pelo

Hoordröger

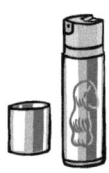

el spray

Hoorspray

el maquillaje

Smink

el lápiz de labios

Lippensticken

el esmalte para uñas

Nagellack

el algodón

Watt

la tijera para uñas

Nagelscheer

el perfume

Rüükwater

el portacosméticos

Kulturbüdel

la banqueta

Schemel

la balanza

Waag

la bata

Baadmantel

los guantes de goma

Gummihanschen

el tampón

Tampon

la toallita femenina

Damenbinn

el baño químico

Chemieklo

el cuarto de los chicos
Kinnerstuuv

el despertador
Wecker
el peluche
Knudeldeert
el coche de juguete
Speeltüüchauto
el sonajero
Klöter
la casa de muñecas
Poppenhuus
el regalo
Geschenk

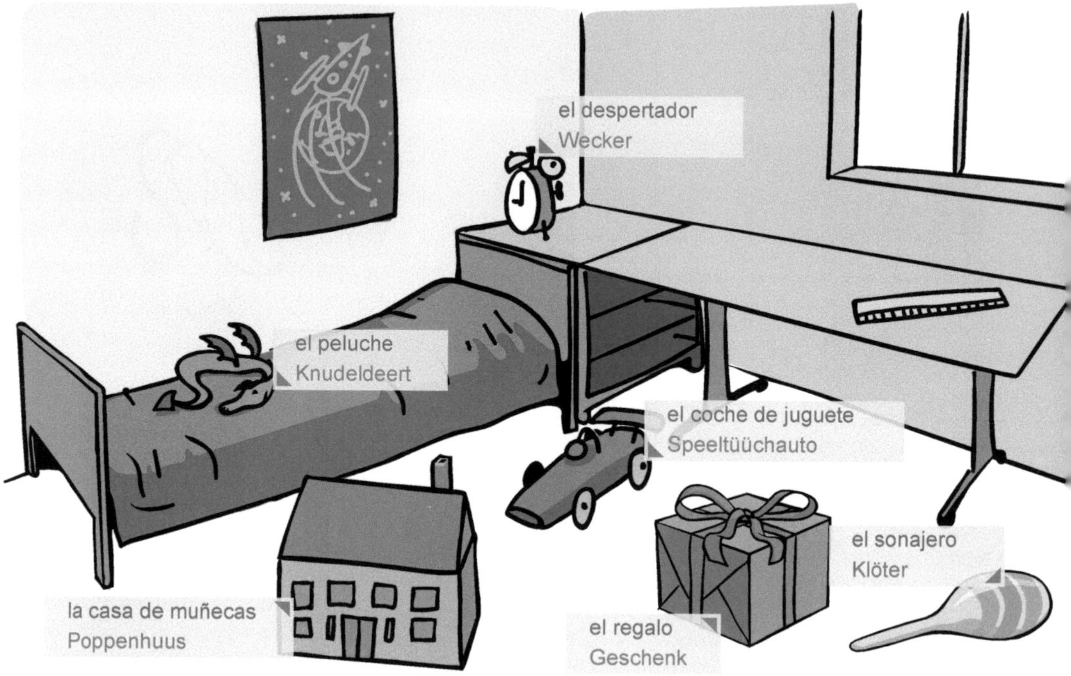

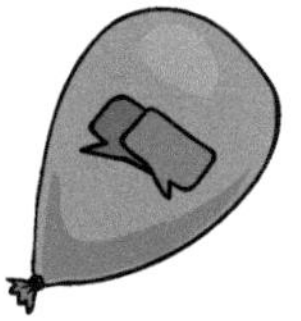

el globo
Luftballon

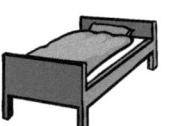

la cama
Puuch

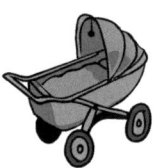

el cochecito
Kinnerwagen

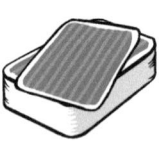

las cartas
Koortenspeel

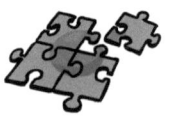

el rompecabezas
Puzzle

SUPER MEGA

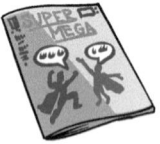

la historieta
Billergeschicht

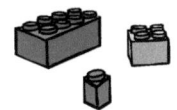

las piezas de lego

Legostenen

los ladrillos de juguete

Bustenen

la figura de acción

Action-Figur

el enterito (de bebé)

Strampelantog

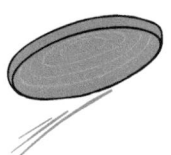

el frisbee

Frisbeeschiev

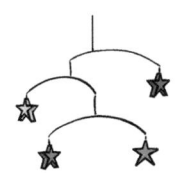

el móvil para bebés

Mobile

el juego de mesa

Brettspeel

los dados

Wörpel

el tren eléctrico

Modelliesenbahn

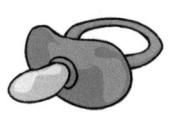

el chupete

Snuller

la fiesta

Party

el libro de cuentos ilustrado

Billerbook

la pelota

Ball

la muñeca

Popp

jugar

spelen

el arenero

Sandkassen

la hamaca

Schuckel

los juguetes

Speeltüüch

la consola de videojuegos

Speelkonsool

el triciclo

Dreerad

el osito de peluche

Teddyboor

el armario

Klederschapp

la ropa

Tüüch

las medias

Socken

las medias panty

Strümp

las calzas

Strumpbüx

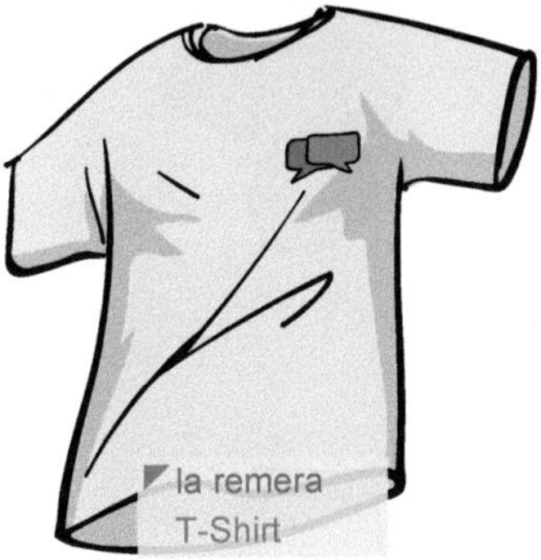

la bufanda
Halsdook

el cinturón
Liefreem

el paraguas
Paraplü

la remera
T-Shirt

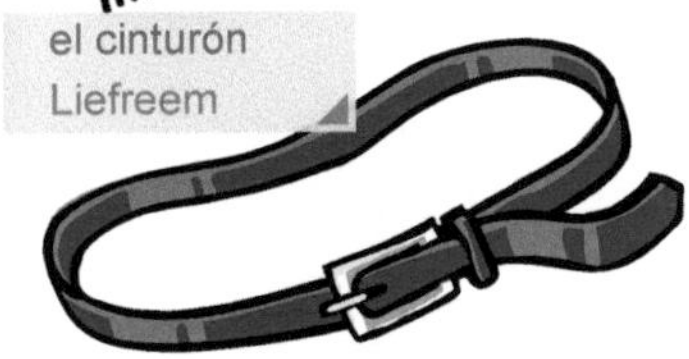

las zapatillas
Turnschoh

las botas
Stevel

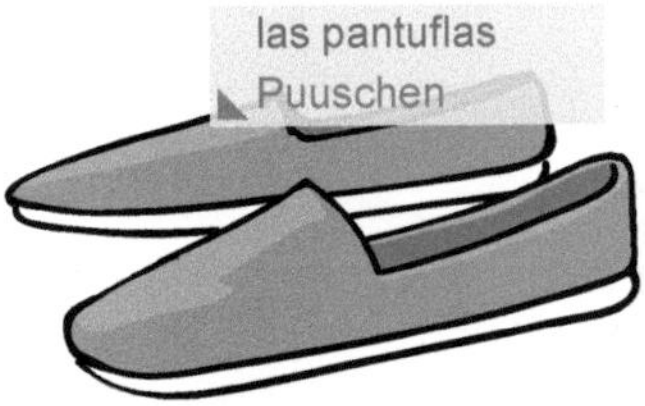

las pantuflas
Puuschen

las sandalias
Sandalen

los zapatos
Schoh

las botas de goma
Gummistevel

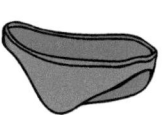

la ropa interior
Ünnerbüx

el corpiño
Bostholler

el chaleco
Ünnerhemd

el body

Lief

los pantalones

Büx

los jeans

Jeansnüx

la pollera

Rock

la blusa

Bluus

la camisa

Hemd

el pulóver

Pullover

el buzo

Kapuzenpullover

el blazer

Blazer

la campera

Jack

el tapado

Mantel

el piloto

Övertrecker

el traje

Kostüm

el vestido

Kleed

el vestido de novia

Hochtietskleed

la ropa - Tüüch

el traje

Antog

el camisón

Nachtkleed

el pijama

Slaapantog

el sari

Sari

el pañuelo para la cabeza

Koppdook

el turbante

Turban

la burka

Burka

el caftán

Kaftan

la abaya

Abaya

el traje de baño

Baadantog

el short de baño

Baadbüx

los shorts

Korte Büx

el jogging

Antog to'n Öven

el delantal

Schört

los guantes

Handschoh

el botón

Knopp

los anteojos

Brill

la pulsera

Armband

el collar

Halskeed

el anillo

Ring

el aro

Ohrbummel

la gorra

Mütz

la percha

Klederbögel

el sombrero

Hoot

la corbata

Binner

el cierre

Rietslüter

el casco

Helm

los tiradores

Drachtband

el uniforme escolar

Schooluniform

el uniforme

Uniform

el babero
Severböten

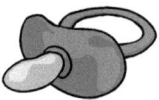

el chupete
Snuller

el pañal
Winnel

la oficina
Büro

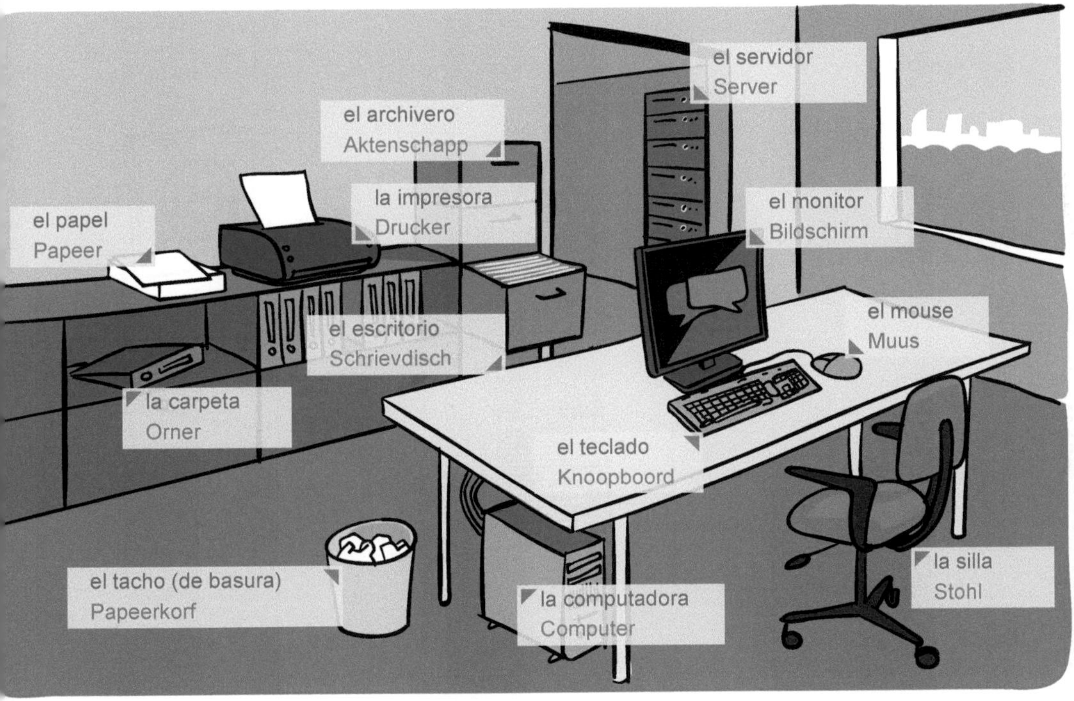

el servidor
Server

el archivero
Aktenschapp

la impresora
Drucker

el monitor
Bildschirm

el papel
Papeer

el escritorio
Schrievdisch

el mouse
Muus

la carpeta
Orner

el teclado
Knoopboord

el tacho (de basura)
Papeerkorf

la silla
Stohl

la computadora
Computer

la taza de café
Koffiebeker

la calculadora
Taschenreekner

el internet
Internet

la laptop

Klappreekner

la carta

Breef

el mensaje

Naricht

el celular

Ackersnacker

la red

Nettwark

la fotocopiadora

Kopeerapparat

el software

Software

el teléfono

Klöönkassen

el tomacorriente

Steekdoos

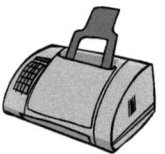

el fax

Faxapparat

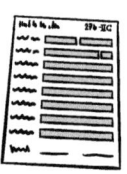

el formulario

Formulor

el documento

Dokument

comprar

köpen

pagar

betahlen

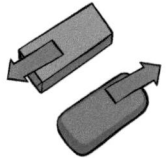

hacer negocios

hanneln

el dinero

Geld

el dólar

Dollar

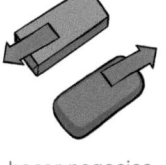

el euro

Euro

el yen

Yen

el rublo

Ruvel

el franco suizo

Swiezer Franken

el yuan

Renminbi Yuan

la rupia

Rupie

el cajero automático

Geldautomat

la casa de cambio

Wesselstuuv

el oro

Gold

la plata

Sülver

el petróleo

Ööl

la energía

Energie

el precio

Pries

el contrato

Verdrag

el impuesto

Stüer

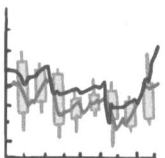

la acción

Andeelschien

trabajar

arbeiden

el empleado

Anstellte

el empleador

Arbeitgever

la fábrica

Fabrik

el negocio

Hökerie

las ocupaciones
Profeschonen

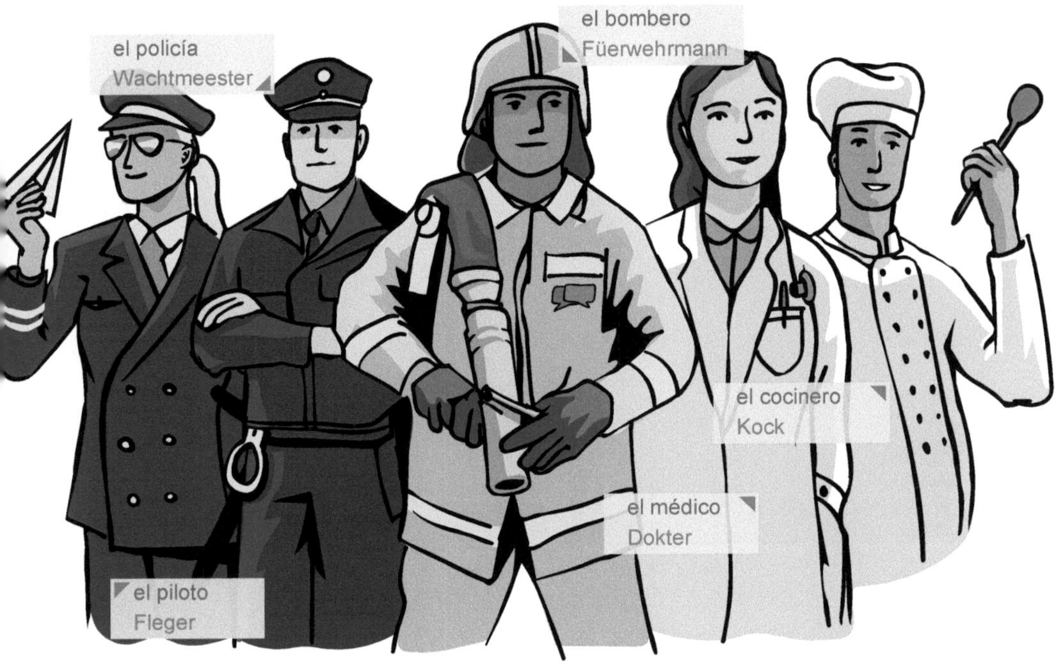
el policía
Wachtmeester
el bombero
Füerwehrmann
el cocinero
Kock
el médico
Dokter
el piloto
Fleger

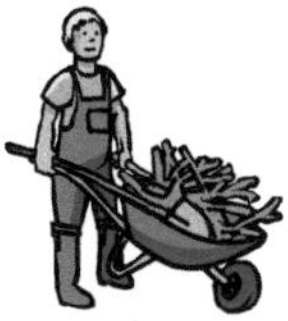

el jardinero

Goorner

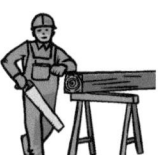

el carpintero

Discher

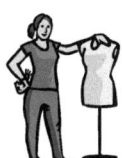

la modista

Neihersche

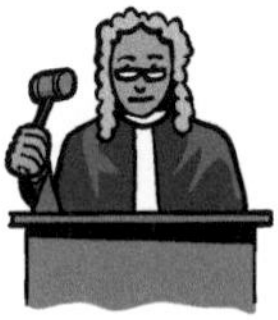

el juez

Richter

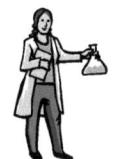

el farmacéutico

Chemiker

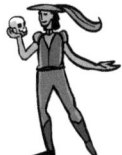

el actor

Schauspeler

el colectivero

Busfohrer

el taxista

Taxifohrer

el pescador

Fischer

la mucama

Reinmaakfru

el techista

Dackdecker

el mozo

Kellner

el cazador

Jäger

el pintor

Maler

el panadero

Bäcker

el electricista

Elektriker

el albañil

Buarbeider

el ingeniero

Ingenieur

el carnicero

Slachter

el plomero

Klempner

el cartero

Postbüdel

el soldado
Suldat

el arquitecto
Architekt

el cajero
Kasserer

el florista
Florist

el peluquero
Putzbüdel

el cobrador
Schaffner

el mecánico
Mechaniker

el capitán
Kaptein

el dentista
Tähndokter

el científico
Wetenschopler

el rabino
Rabbi

el imán
Imam

el monje
Mönk

el sacerdote
Paap

las herramientas
Warktüüch

el martillo
Hamer
la tenaza
Tang
el destornillador
Schruvendreiher
la llave
Schruvenslötel
la linterna
Taschenlamp

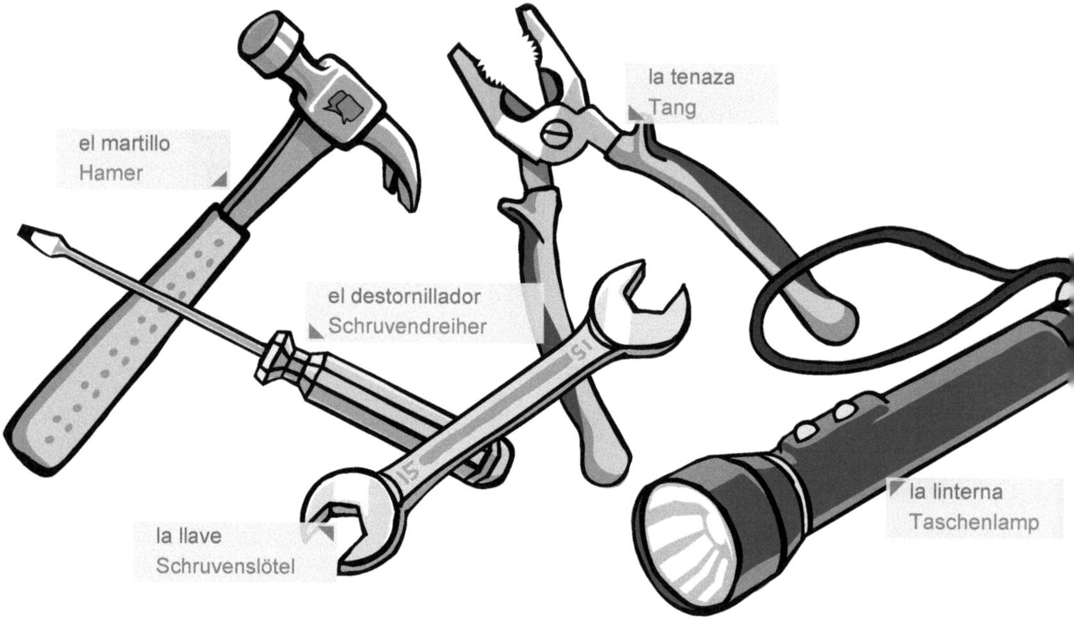

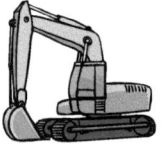

la excavadora
Grieper

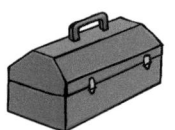

la caja de herramientas
Warktüüchkassen

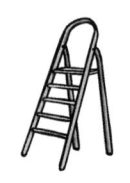

la escalera portátil
Ledder

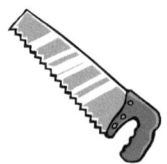

la sierra
Saag

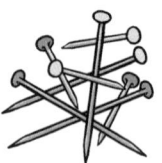

los clavos
Nagels

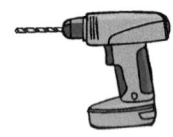

el taladro
Bohrer

arreglar

heelmaken

la pala de jardín

Schüffel

¡Qué bronca!

Schiet!

la pala de plástico

Kehrblick

el tacho de pintura

Farvpott

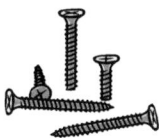

los tornillos

Schruven

los instrumentos musicales
Musikinstrumenten

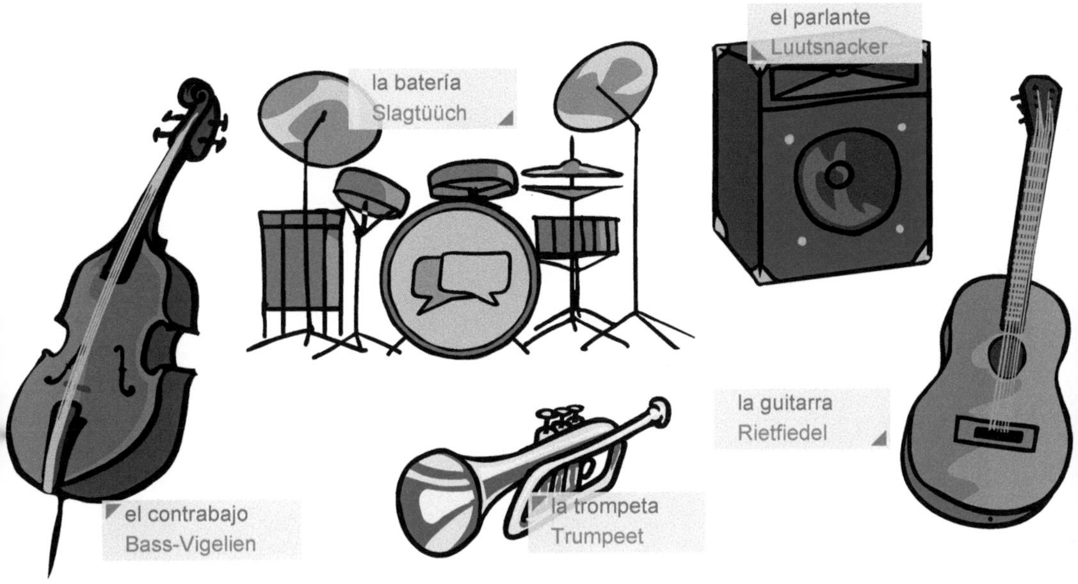

el parlante
Luutsnacker

la batería
Slagtüüch

la guitarra
Rietfiedel

el contrabajo
Bass-Vigelien

la trompeta
Trumpeet

el piano

Klaveer

el violín

Vigelien

el bajo

Bass

los timbales

Pauk

el tambor

Trummeln

el teclado

Keyboard

el saxofón

Saxophon

la flauta

Fleut

el micrófono

Mikrofoon

el zoológico
Deertenpark

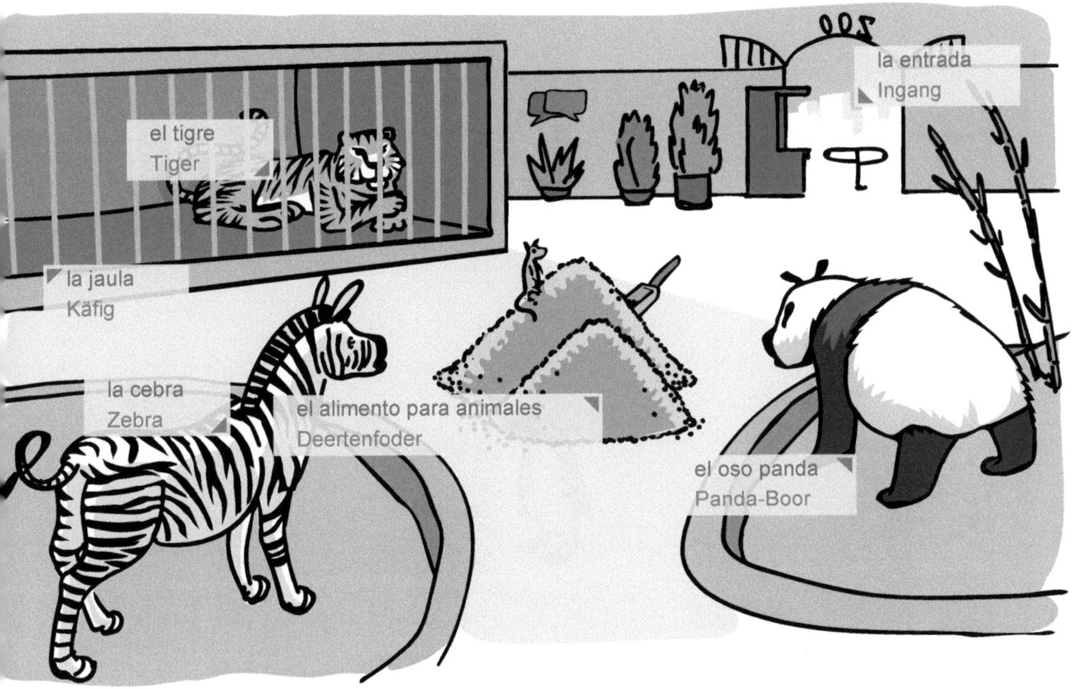
el tigre
Tiger
la entrada
Ingang
la jaula
Käfig
la cebra
Zebra
el alimento para animales
Deertenfoder
el oso panda
Panda-Boor

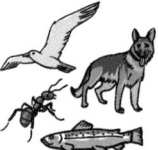

los animales

Deerten

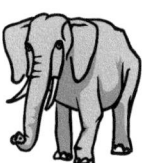

el elefante

Elefant

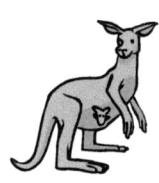

el canguro

Känguru

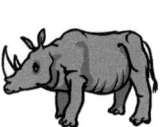

el rinoceronte

Neeshoorn

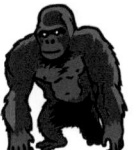

el gorila

Gorilla

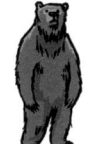

el oso

Boor

el camello

Kameel

el avestruz

Struuß

el león

Lööv

el mono

Aap

el flamenco

Flamingo

el loro

Papagoi

el oso polar

Iesboor

el pingüino

Pinguin

el tiburón

Haifisch

el pavo real

Pageluun

la serpiente

Slang

el cocodrilo

Krokodil

el cuidador del zoológico

Oppasser in'n Deertenpark

la foca

Saalhund

el jaguar

Jaguor

el poni

Pony

el leopardo

Leopard

el hipopótamo

Nilpeerd

la jirafa

Giraff

el águila

Aadler

el jabalí

Wildswien

el pescado

Fisch

la tortuga

Schildkrööt

la morsa

Walross

el zorro

Voss

la gacela

Gazell

el fútbol americano
Amerikaansch Football

el ciclismo
Radfohren

el tenis
Tennis

el básquet
Korfball

la natación
Swümmen

el boxeo
Boxen

el hockey sobre hielo
Ieshockey

el fútbol
Football

el bádminton
Fedderball

el atletismo
Leichtathletik

el handball
Handball

el esquí
Skilopen

el polo
Polo

las actividades
Aktivitäten

saltar
springen
reír
lachen
abrazar
ümarmen
caminar
gahn
cantar
singen
soñar
drömen
rezar
beden
besar
snuteln

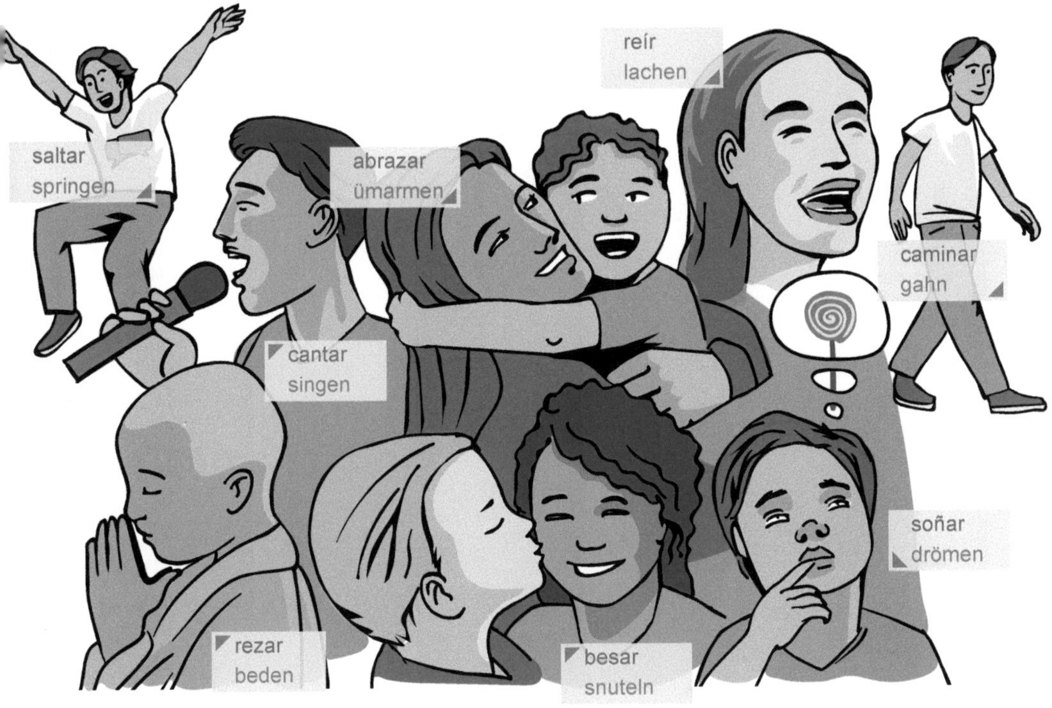

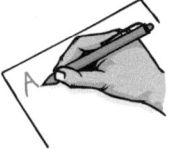

escribir
schrieven

dibujar
teken

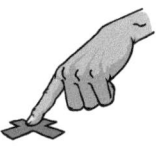

mostrar
wiesen

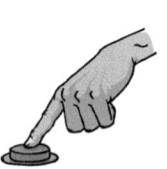

presionar
drücken

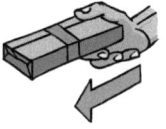

dar
geven

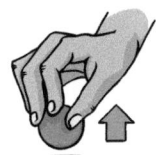

tomar
nehmen

tener
hebben

hacer
doon

ser
sien

estar parado
stahn

correr
lopen

tirar
trecken

tirar
smieten

caer
fallen

estar acostado
liggen

esperar
töven

llevar
dregen

estar sentado
sitten

vestirse
antrecken

dormir
slapen

despertar
opwaken

las actividades - Aktivitäten

mirar

ankieken

llorar

wenen

acariciar

eien

peinar

kämmen

hablar

snacken

entender

verstahn

preguntar

fragen

escuchar

hören

beber

drinken

comer

eten

ordenar

oprümen

amar

leefhebben

cocinar

kaken

manejar

fohren

volar

flegen

las actividades - Aktivitäten

navegar
segeln

calcular
reken

leer
lesen

aprender
lehren

trabajar
arbeiden

casarse
de Plünnen tohoopsmieten

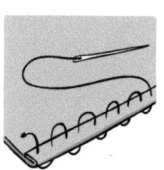

coser
neihen

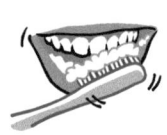

cepillarse los dientes
Tähnen putzen

matar
dootmaken

fumar
smöken

enviar
schicken

la abuela
Grootmoder

el abuelo
Grootvadder

el padre
Vadder

la madre
Moder

el bebé
Winnelkind

la hija
Dochter

el hijo
Söhn

el invitado
Gast

la tía
Tant

el tío
Unkel

el hermano
Broder

la hermana
Süster

el cuerpo
Lief

la frente
Vörkopp
el ojo
Oog
el hombro
Schuller
el dedo
Finger
la cara
Gesicht
la pera
Kinn
la mano
Hand
la pierna
Been
el pecho
Bost
el brazo
Arm

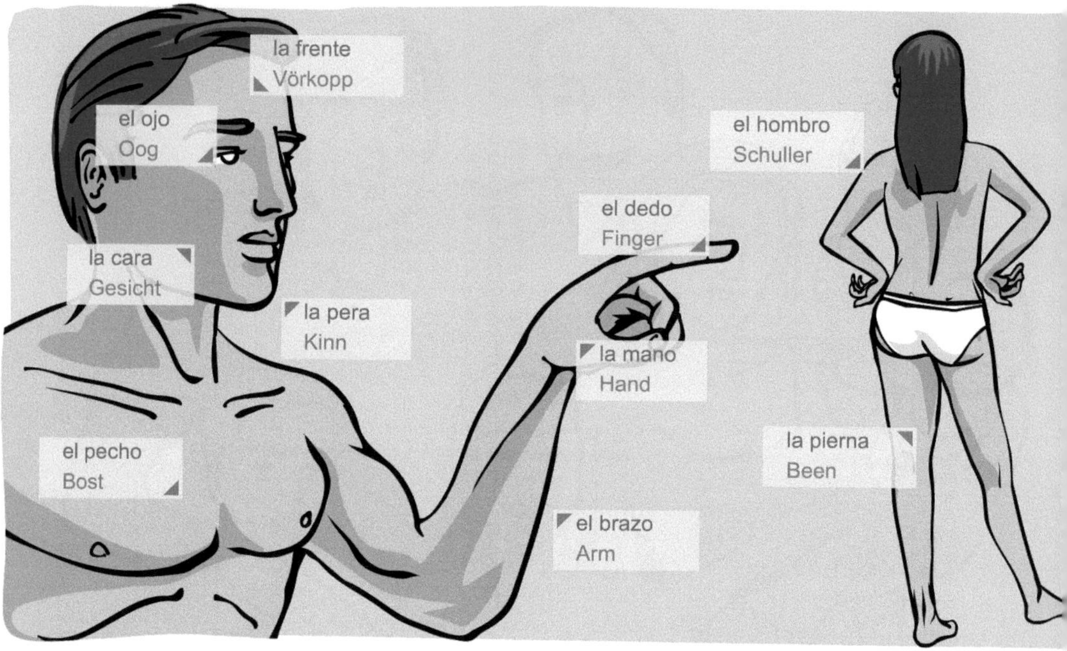

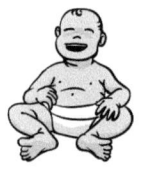

el bebé

Winnelkind

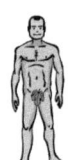

el hombre

Mann

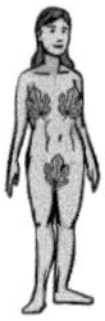

la mujer

Fro

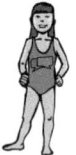

la nena

Deern

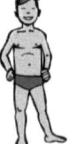

el nene

Jung

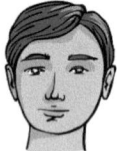

la cabeza

Arm

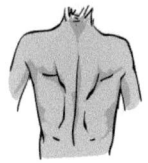

la espalda

Rüch

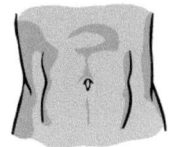

la panza

Buuk

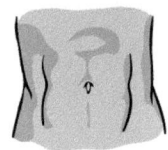

el ombligo

Navel

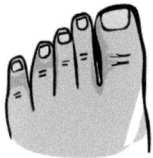

el dedo del pie

Teh

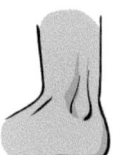

el talón

Hack

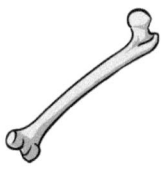

el hueso

Knaken

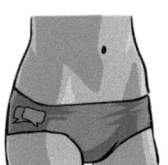

la cadera

Hüft

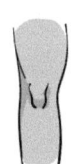

la rodilla

Knee

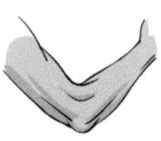

el codo

Ellbagen

la nariz

Nees

la cola

Achtersen

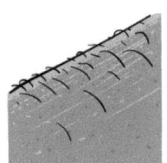

la piel

Huut

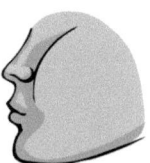

el cachete

Back

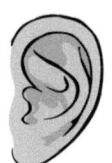

la oreja

Ohr

el labio

Lipp

la boca
Mund

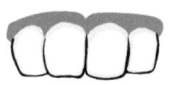

el diente
Tähn

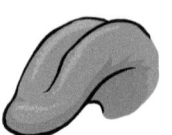

la lengua
Tung

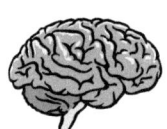

el cerebro
Bregen

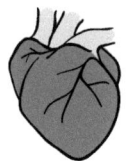

el corazón
Hart

el músculo
Muskel

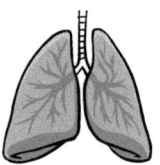

el pulmón
Lung

el hígado
Lever

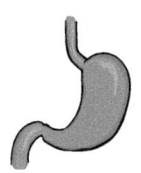

el estómago
Maag

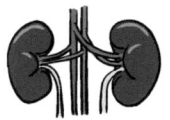

los riñones
Neren

el sexo
Bislaap

el preservativo
Kondoom

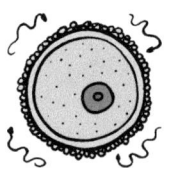

el óvulo
Eizell

el semen
Sperma

el embarazo
Anner Ümstänn

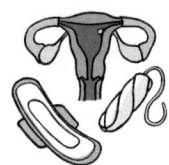

la menstruación
....
Menstruatschoon

la vagina
....
Scheed

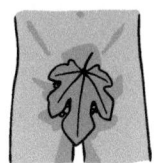

el pene
....
Pint

la ceja
....
Ogenbroe

el pelo
....
Hoor

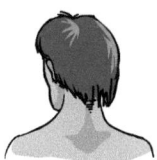

el cuello
....
Hals

el hospital
Krankenhuus

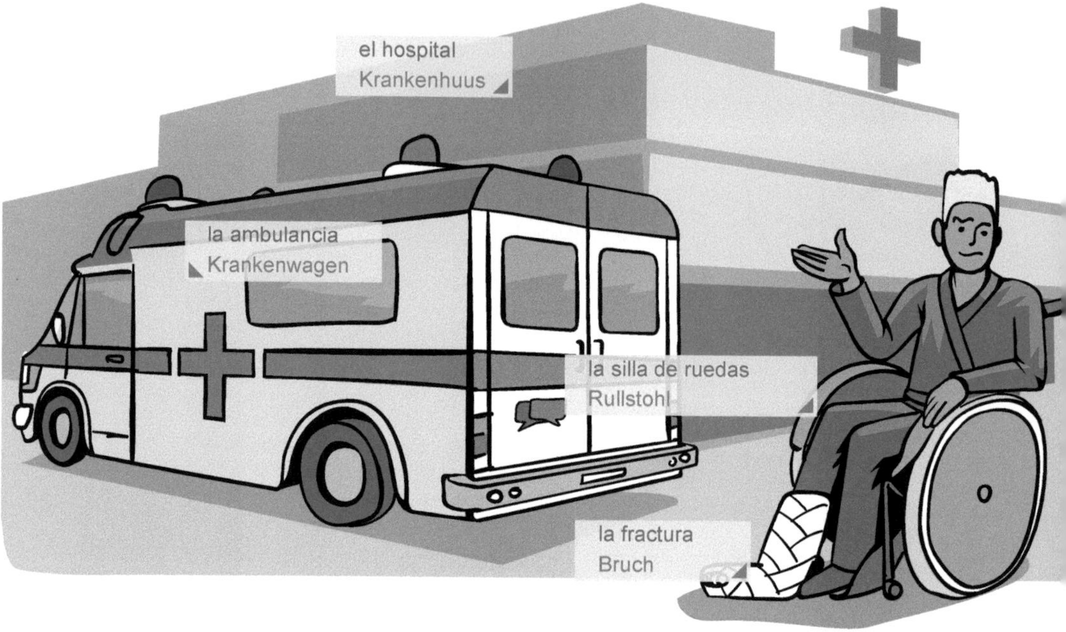

el hospital
Krankenhuus
la ambulancia
Krankenwagen
la silla de ruedas
Rullstohl
la fractura
Bruch

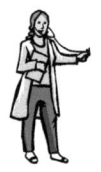

el médico

Dokter

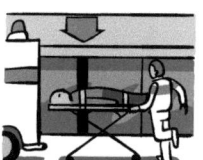

la sala de guardia

Nootopnahm

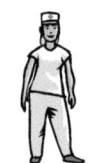

la enfermera

Krankensüster

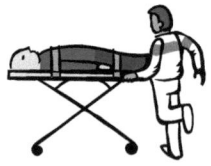

la emergencia

Nootfall

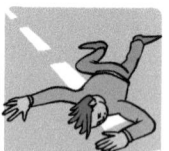

inconsciente

ahnmächtig

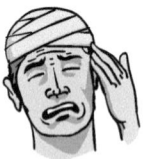

el dolor

Wehdaag

la lesión
Verwunnen

la hemorragia
Blöden

el infarto
Hartinfarkt

el ACV
Slaganfall

la alergia
Allergie

la tos
Hoosten

la fiebre
Fever

la gripe
Gripp

la diarrea
Dörchfall

el dolor de cabeza
Koppwehdaag

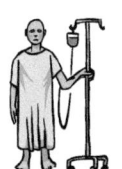

el cáncer
Kreeft

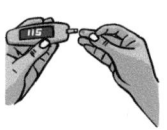

la diabetes
Zuckersüük

el cirujano
Chirurg

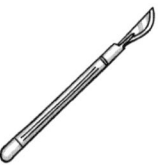

el bisturí
Chirurgsch Mess

la operación
Operatschoon

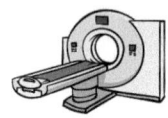

la TC
CT

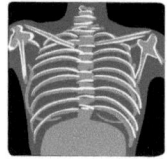

los rayos x
Dörchlüchten

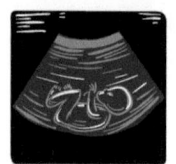

la ecografía
Ultraschall

el barbijo
Mask

la enfermedad
Krankheit

la sala de espera
Töövruum

la muleta
Krück

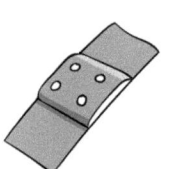

la curita
Plaaster

la venda
Verband

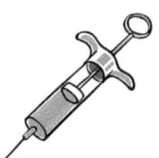

la inyección
Insprütten

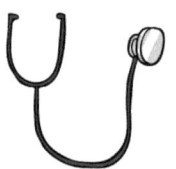

el estetoscopio
Stethoskop

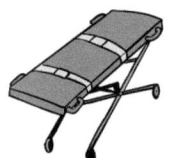

la camilla
Draag

el termómetro
Feverthermometer

el nacimiento
Geboort

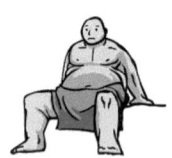

el sobrepeso
Övergewicht

el audífono
Hörapparat

el desinfectante
Kiemfriemiddel

la infección
Ansteken

el virus
Virus

el VIH / SIDA
HIV / AIDS

el remedio
Heelmiddel

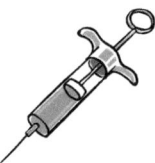

la vacunación
Impen

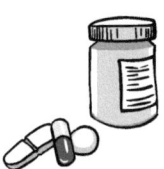

los comprimidos
Tabletten

la pastilla anticonceptiva
Pill

la llamada de emergencia
Nootroop

el tensiómetro
Blootdruck-Meter

enfermo / sano
krank / gesund

la emergencia
Nootfall

¡Ayuda!

Hölp!

la alarma

Alarm

la agresión

Överfall

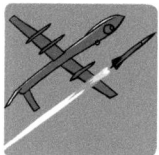

el ataque

Angreep

el peligro

Gefohr

la salida de emergencia

Nootutgang

¡Fuego!

Füer!

el matafuego

Füerlöscher

el accidente

Unfall

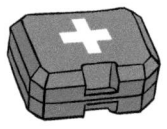

el botiquín de primeros
auxilios

Noothölpkoffer

el SOS

SOS

la policía

Polizei

Europa

Europa

América del Norte

Noordamerika

América del Sur

Süüdamerika

África

Afrika

Asia

Asien

Australia

Australien

el Atlántico

Atlantik

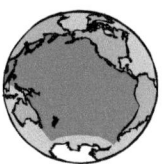

el Pacífico

Pazifik

el Océano Índico

Indisch Weltmeer

el Océano Antártico

Antarktisch Weltmeer

el Océano Ártico

Arktisch Weltmeer

el polo norte

Noordpol

el polo sur

Süüdpol

la Antártida

Antarktis

la Tierra

Eerd

la tierra

Land

el mar

See

la isla

Eiland

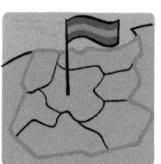

la nación

Natschoon

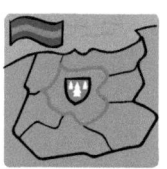

el estado

Staat

la esfera

Tallenblatt

la manecilla de las horas

Stunnenwieser

el minutero

Minutenwieser

el segundero

Sekunnenwieser

¿Qué hora es?

Wo laat is dat?

el día

Dag

la hora

Tiet

ahora

nu

el reloj digital

digetaalsch Klock

el minuto

Minuut

la hora

Stunn

la semana

Week

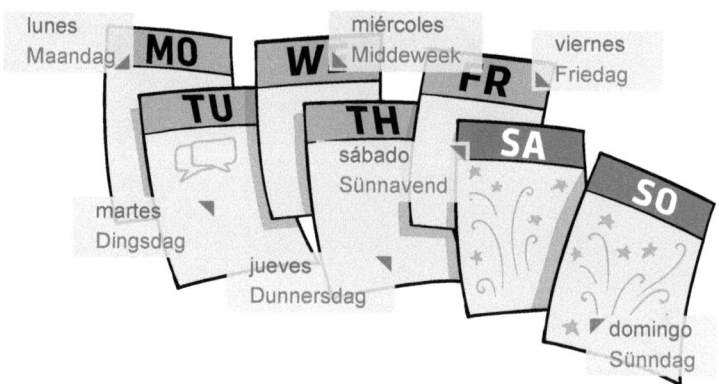

lunes
Maandag

miércoles
Middeweek

viernes
Friedag

martes
Dingsdag

jueves
Dunnersdag

sábado
Sünnavend

domingo
Sünndag

ayer

güstern

hoy

hüüt

mañana

morgen

la mañana

Morgen

el mediodía

Meddag

la tarde

Avend

los días hábiles

Arbeitsdaag

el fin de semana

Wekenenn

el año
Johr

el arco iris
Regenbagen
la lluvia
Regen
la nieve
Snee
el viento
Wind
la primavera
Fröhjohr
el otoño
Harvst
el verano
Sommer
el invierno
Winter

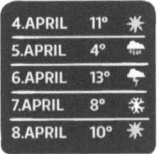

4.APRIL 11°
5.APRIL 4°
6.APRIL 13°
7.APRIL 8°
8.APRIL 10°

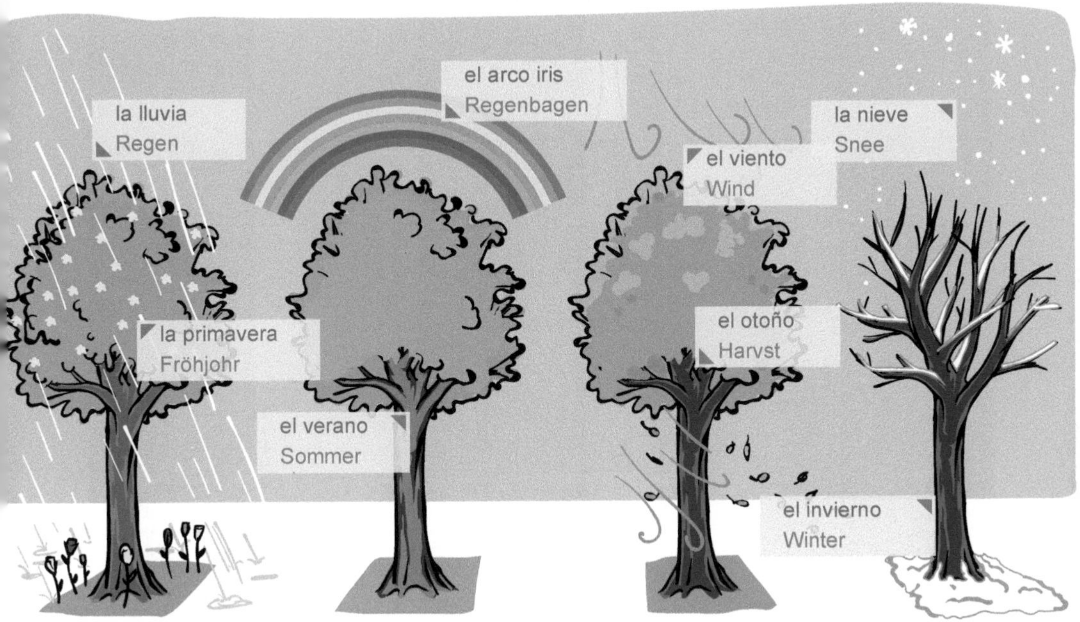

el pronóstico meteorológico

....

Wedervörhersaag

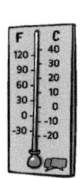

el termómetro

....

Thermometer

la luz del sol

....

Sünnenschien

la nube

....

Wulk

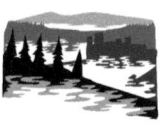

la niebla

....

Nevel

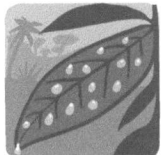

la humedad

....

Luftfuchtigkeit

el rayo

Blitz

el trueno

Dunner

la tormenta

Storm

el granizo

Hagel

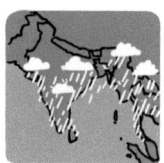

el monzón

Monsun

la inundación

Floot

el hielo

Ies

enero

Januormaand

febrero

Februormaand

marzo

Martmaand

abril

Aprilmaand

mayo

Maimaand

junio

Junimaand

julio

Julimaand

agosto

Augustmaand

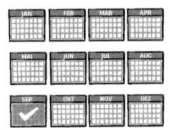

septiembre
....
Septembermaand

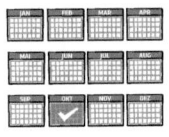

octubre
....
Oktobermaand

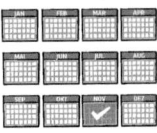

noviembre
....
Novembermaand

diciembre
....
Dezembermaand

las formas

Formen

el círculo
....
Krink

el cuadrado
....
Quadrat

el rectángulo
....
Rechteck

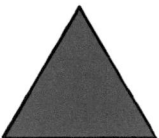

el triángulo
....
Dreeeck

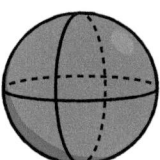

la esfera
....
Kugel

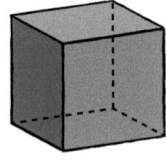

el cubo
....
Wörpel

blanco

witt

amarillo

geel

naranja

orangsch

rosa

pink

rojo

root

violeta

lila

azul

blau

verde

gröön

marrón

bruun

gris

gries

negro

swart

mucho / poco

veel / wenig

enojado / tranquilo

böös / verdreeglich

lindo / feo

smuck / mies

el principio / el fin

Begünn / Enn

grande / chico

groot / lütt

claro / oscuro

hell / düüster

el hermano / la hermana

Broder / Süster

limpio / sucio

schier / schietig

completo / incompleto

kumpleet / nich kumpleet

el día / la noche

Dag / Nacht

muerto / vivo

doot / lebennig

ancho / angosto

breet / small

comestible / no comestible

··················

geneetbor / nich geneetbor

malo / amable

··················

böös / fründlich

entusiasmado / aburrido

··················

fickerig / langwielt

gordo / flaco

··················

dick / dünn

primero / último

··················

toeerst / toletzt

el amigo / el enemigo

··················

Fründ / Fiend

lleno / vacío

··················

vull / leddig

duro / blando

··················

hart / week

pesado / liviano

··················

swoor / licht

el hambre / la sed

··················

Smacht / Döst

enfermo / sano

··················

krank / gesund

ilegal / legal

··················

nich na't Recht / na't Recht

inteligente / estúpido

klook / dummerhaftig

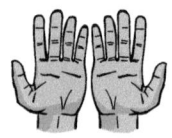

izquierda / derecha

··················

linkerhand / rechterhand

cerca / lejos

··················

neeg / feern

nuevo / usado

nieg / bruukt

nada / algo

nix / wat

viejo / joven

oolt / jung

encendido / apagado

an / ut

abierto / cerrado

apen / slaten

silencioso / ruidoso

lies / luut

rico / pobre

riek / arm

correcto / incorrecto

richtig / verkehrt

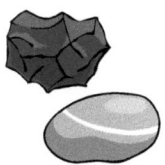

áspero / suave

ruug / glatt

triste / contento

trurig / glücklich

corto / largo

kort / lang

lento / rápido

suutje / flink

mojado / seco

natt / dröög

caliente / frío

warm / köhl

guerra / paz

Krieg / Freden

0

cero

null

1

uno

een

2

dos

twee

3

tres

dree

4

cuatro

veer

5

cinco

fief

6

seis

söss

7

siete

söven

8

ocho

acht

9

nueve

negen

10

diez

teihn

11

once

ölven

12

doce

twölf

13

trece

dörteihn

14

catorce

veerteihn

15

quince

föffteihn

16

dieciséis

sössteihn

17

diecisiete

söventeihn

18

dieciocho

achtteihn

19

diecinueve

negenteihn

20

veinte

twintig

100

cien

hunnert

1.000

mil

dusend

1.000.000

el millón

million

los números - Tallen

los idiomas
Spraken

el inglés

Engelsch

el inglés americano

Amerikaansch Engelsch

el chino mandarín

Chineesch Mandarin

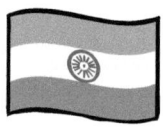

el hindi

Hindi

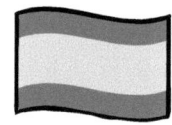

el español

Spaansch

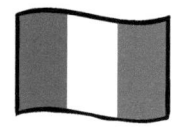

el francés

Franzöösch

el árabe

Araabsch

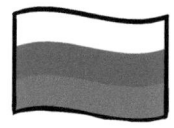

el ruso

Rusch

el portugués

Portugiesch

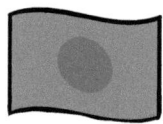

el bengalí

Bengaalsch

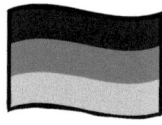

el alemán

Düütsch

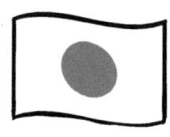

el japonés

Japaansch

yo

ik

vos

du

él / ella

he / se / dat

nosotros

wi

ustedes

ji

ellos

se

¿quién?

keen?

¿qué?

wat?

¿cómo?

woans?

¿dónde?

woneem?

¿cuándo?

wannehr?

el nombre

Naam

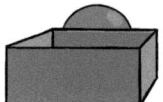

detrás

achter

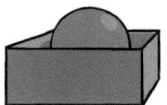

en

in

adelante de

vör

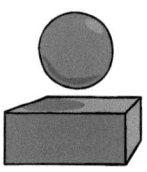

por encima de

över

sobre

op

debajo de

ünner

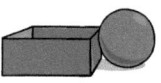

al lado de

blangen

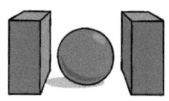

entre

twüschen

el lugar

Oort